Palabras para comparaciones matemáticas

More Ice Cream:
Words for Math Comparisons

Marcia S. Freeman
traducido por Yanitzia Canetti

Rourke
Publishing LLC
Vero Beach, Florida 32964

www.rourkepublishing.com

PHOTO CREDITS: © Christine Balderas: title page, page 4, 11; © Nancy Brammer: page 4; © Michal Besser: page 5; © Francisco Romero: page 7; © Peter Hansen: page 8 © Franklin Lugenbeel: page 10, 11; © Cloki, © Bluestocking: page 11; © Felix Möckel: page 13; © Siberia, © Brian McEntire: page 15; © Michael Valdez: page 17; © Ryan KC Wong, © Julián Rovagnati,: page 19; © Bluestocking: page 21; © Soubrette: page 22.

Editor: Robert Stengard-Olliges

Cover design by Nicola Stratford.

Bilingual Editorial Services by Cambridge BrickHouse, Inc.   www.cambridgebh.com

Library of Congress Cataloging-in-Publication Data

Freeman, Marcia S. (Marcia Sheehan), 1937-
  More ice cream : words for math comparisons
  Más helado: Palabras para comparaciones matemáticas/Marcia S. Freeman.
      p. cm. -- (Enfoque matemático)
  Includes index.
  ISBN 978-1-60044-763-1 (Bilingual Hardcover)
  1. Arithmetic--Juvenile literature. 2. Counting--Juvenile literature. I. Title.

Printed in the USA

CG/CG

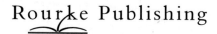

Rourke Publishing

www.rourkepublishing.com – rourke@rourkepublishing.com
Post Office Box 3328, Vero Beach, FL 32964

Contenido
Table of Contents

Objetos contables
e incontables
Objects and Stuff

¿Cuántos jugadores hay en el equipo verde?
¿Cuánto helado más puedes tomar?

How many more players are on the green team?
How much more ice cream can you eat?

¿Por qué hoy hay menos peces en la pecera de la clase? ¿Cuánta agua menos tiene nuestra pecera que la de la oficina?

Why are there fewer fish in the class aquarium today? How much less water does our aquarium have than the one in the office?

Los objetos son cosas que podemos contar, como libros y bananas. Hay otras cosas que no se pueden contar, como la arena, el agua y el aire. No puedes contarlas, a menos que las pongas dentro de un **recipiente**.

Objects are things we can count, such as books and bananas. *Stuff* is a word to describe such things as sand, water, and air. You can't count *stuff*...unless you put it in a **container**.

Usamos palabras como *varios, muchos, algunos, un montón, muchísimos, toneladas* y *docenas* para describir números de objetos y **cantidades** de cosas.

We use words such as *many, much, some, a lot, lots of, tons,* and *dozens* to describe numbers of objects and **quantities** of stuff.

Cuando hablas de cantidades de objetos contables, simplemente usas números. Dices: "Tengo 32 canicas".

When you talk about quantities of objects, you simply use numbers. You say, "I have 32 marbles."

Cuando hablas de cantidades de cosas incontables, como la arena, el agua y el aire, dices: "Tengo mucha arena".

When you talk about **amounts** of stuff that you can't count such as sand, water, and air, you might say, "I have a lot of sand."

O, puedes poner las cosas incontables en recipientes y luego contar los recipientes. Puedes decir: "Tengo dos platos de helado".

Or, you can put the stuff in containers and then count how many containers. You might say, "I have two bowls of ice cream."

¿Cuántos/as? How Many?	¿Cuánlo/a? How Much?

Comparar números de objetos y cantidades de cosas incontables

Comparing Numbers of Objects and Amounts of Stuff

¿Cómo sabes qué palabras usar cuando comparas cantidades de piedras o de pudín, de hermanas o de **sirope**, de caramelos o de leche?

How do you know which words to use when you compare quantities of pebbles or pudding, sisters or **syrup**, candies or milk?

¿Varios o mucho?
Many or Much?

Cuando comparas cosas que puedes contar, como niños, dices: "¿Cuántos más?"

¿Cuántas más niñas que niños hay?

When you compare things that you can count like children, you say, "How many more?"

How many more girls are there than boys?

15

Cuando comparas cosas que no puedes contar, como sopa o ensalada, dices: "Quiero mucha o poca".

¿Hay mucha o poca ensalada en el plato de James?

When you compare stuff that you can't count like soup or salad, you say, "I want a lot or a little."

Does James have a lot of or a little salad on his plate?

17

¿Menos o poco?
Fewer or Less?

¿Tienes *menos* galletitas que tu hermana o tienes *pocas* galletitas? ¿Tienes *menos* leche que tu hermano en tu vaso o tienes *poca* leche?

Do you have *fewer* cookies than your sister or do you have *less* cookies? Do you have *fewer* milk in your glass than your brother or do you have *less* milk?

19

La regla para *menos* y *poco* es simple:
usa *menos* si puedes contar las cosas, usa *poco*
si no las puedes contar.

Menos panqueques, poco sirope.

The rule for *fewer and less* is simple:
use *fewer* if you can count the things, use *less* if
you can't.

Fewer pancakes, less syrup.

21

¿Cuántas cosas o cuánto? ¿Menos o poco?
Ya estás listo para comparar números de objetos
contables y cantidades de cosas incontables.

How many more or how much more? Fewer
than or less than? Now, you are ready to
compare the numbers of objects and
quantities of stuff.

Glosario / Glossary

cantidades — cantidades o número de cosas
quantities (kwant uh tees) — amounts or numbers
  of things

la cantidad — cuánto hay de algo
amount (uh MOUNT) — how much of something
  there is

recipiente — algo donde se meten cosas, como una
  caja, lata o plato hondo
container (kon TAIN er) — something to put things in,
  such as a box, can, or bowl

sirope — líquido espeso y dulce
syrup (SUR uhp) — a thick sweet liquid

Índice / Index

Lecturas adicionales / Further Reading

Endres, Hallie. *How Much Money?*. Yellow Umbrella Books, 2006.

Giganti, Paul Jr. *How Many Blue Birds Flew Away?*. Greenwillow Books, 2005.

Murphy, Stuart J. *More or Less?*. Rourke Publishing, 2005.

Sitios Web recomendados / Recommended Websites

www.kidsites.com

www.geocities.com/enchantedforest/tower/1217/math3

Sobre la autora / About the Author

A Marcia S. Freeman le encanta escribir textos de no ficción para niños. Sus más de cincuenta libros abarcan temas de ciencia, geografía y matemáticas. Egresada de la Universidad de Cornell, ha impartido clases de ciencias y escritura a niños y maestros desde *kindergarten* hasta la preparatoria.

Marcia S. Freeman loves writing nonfiction for children. Her fifty or more children's books include science, geography, and math titles. A Cornell University graduate, she has taught science and writing to children and their teachers from kindergarten through high school.